कृष्णधर्मा मैं

कृष्णधर्मा मैं

(प्रभा खेतान की लम्बी कविता)

प्रभा खेतान

वाणी प्रकाशन

वाणी प्रकाशन
4695, 21-ए, दरियागंज, नयी दिल्ली 110 002
फ़ोन : +91 11 23273167 फ़ैक्स : +91 11 23275710

शाखाएँ
अशोक राजपथ, पटना 800 004, बिहार
कॉफ़ी हाउस कैम्पस, महात्मा गांधी मार्ग, इलाहाबाद 211 001, उत्तर प्रदेश
महात्मा गांधी अन्तरराष्ट्रीय हिन्दी विश्वविद्यालय, वर्धा 442 001, महाराष्ट्र
सुल्तानिया रोड, मोतिया पार्क, भोपाल 462 001, मध्य प्रदेश

www.vaniprakashan.com
marketing@vaniprakashan.in
sales@vaniprakashan.in

KRISHNADHARMA MAIN
by Prabha Khetan

ISBN : 978-93-89563-85-6
A Long Poem

प्रथम संस्करण 2020

मूल्य : ₹ 99

सिटी प्रेस, दिल्ली-110 095 में मुद्रित

वाणी प्रकाशन का लोगो मक़बूल फ़िदा हुसेन की कूची से

कृष्णधर्मा मैं

कृष्ण चेतना की यह कविता क्यों लिखी गयी और कैसे लिखी गयी? मेरे पास ऐसा कोई स्पष्ट ख़याल नहीं था और न कोई दार्शनिक अवधारणा मेरे सामने थी। मुझे पता नहीं यह कविता कहाँ से आयी और कैसे आयी! बस इतना भर समझ रही हूँ कि इस कविता का मैंने चुनाव नहीं किया बल्कि यों कहिए कि इस कविता ने मुझको खोज निकाला। यह कविता ख़ुद-ब-ख़ुद टुकड़े-टुकड़े में क़लम के सहारे काग़ज़ पर उतरती चली गयी। किसी महती प्रेरणा के रूप में नहीं, यह कोई अमूर्त्त धारणा भी नहीं थी! यह तो अपने समूचे अस्तित्व के साथ सफ़ेद काग़ज़ पर उभरती हुई एक बिल्कुल ठोस कविता थी—जहाँ कविता अपने क्षेत्र में व्यक्ति और विराट् चेतना के दोनों आयामों को लिये हुए एक ऐतिहासिक साझेदारी का ऐलान कर रही थी। कौन है विराट्, मैं नहीं जानती, कौन-सा स्तर है कृष्ण-चेतना का, यह भी नहीं। हाँ, इसके सामने मैं अपने समूचे निरावरण अस्तित्व के साथ उपस्थित ज़रूर थी। कविता मुझे छूती है, मुझमें आकार ग्रहण करती है।

अपनी इस काव्यानुभूति के लिए मेरे पास नाम नहीं था, फिर अचानक कृष्ण की लीलामय स्वरूप याद आया और तब लगा वह बड़ा चकित और विस्मित हो अपनी इस लीला को देख तो रहा होगा! क्या केवल मुझको उसकी ज़रूरत है, उसको मेरी नहीं? अपनी इस लीला के माध्यम से ही तो वह कृष्ण हो पाता है। वह भी उतना ही मानवीय है जितने हम, उसका भी अस्तित्व अर्थमय होता है, मानव जीवन जीने की प्रक्रिया के दौरान। जैसे हम मानव हैं, हमें सबकी ज़रूरत है। वैसे ही कृष्ण के लिए हम सब भी उसकी एक मानवीय ज़रूरत नहीं?

मेरी इस पूरी कविता में कृष्ण मौजूद हैं उनकी मौजूदगी उस कौंध की मौजूदगी है जो कभी दिखती है कभी नहीं दिखती, मगर लापता कभी नहीं होती। हाँ, यह भी सच है कि मेरे पास ऐसा कोई विज़न नहीं, बस कहीं कुछ आत्मा की गहराई में ज़रूर घटा कि अपने वैयक्तिक अनुभवों का अतिक्रमण करते हुए मैंने ख़ुद यह राह चुनी; उस आग को कुरेदा, जो इच्छा, आकांक्षाओं और महत्त्वाकांक्षाओं की राख के नीचे एक मानवीय आग बनकर सुलग रही थी। अपने कल्पना के उन टूटे डैनों को सम्हाला जो उड़ने की तैयारी में लगना चाहते थे और मैंने चन्द लाइनें लिखीं, लिखकर छोड़ दीं। कविता की सम्भावना कवि बन्धुओं की गिद्ध दृष्टि से कहाँ छिपती है! भाई ध्रुवदेव ने देखा, कहा—प्रभा जी, इसको लिखिये! और अचानक मुझे लगा मानो गाँठें खुलने लगीं। लिखने में एक गहरी तन्मयता का बोध कि लगा छायाएँ रुपहली आकृति में चमक रही हैं। वह मूर्त्त से अमूर्त्त की यात्रा थी तो कभी बिल्कुल अमूर्त्त से ठोस, मेरे वैयक्तिक अनुभव क्षेत्र की बातें—

तुम कौन कृष्ण
और मैं कौन
तुम्हारी विराट् चेतना
और मेरी व्यक्ति चेतना
इतिहास तो हमारे साझे का क्षेत्र है

ख़त्म होता हुआ अँधेरा है
और मैं
विराट् के उस ख़ालीपन को पीती हुई
बदलती जो जा रही
अपनी ही तरह
हज़ारों-लाखों अगणित सितारों में
जो चमकते हैं, कृष्ण के लिए...

तृप्त हुई मैं, तृप्त हुई मेरी चेतना।

पूरी रचना के दौरान मैं आज की चुनौतियों के बीच अपने को कृष्ण की साझीदार पाती रही हूँ—हास-उल्लास के क्षणों से लेकर महाभारत के महासंहार तक के प्रकरणों के बीच, केलि-कुंजों से लेकर प्रभास-तीर्थ तक की रचना-यात्रा के बीच। शायद साझेदारी के इस एहसास ने ही मुझे स्थूल कथा-सूत्रों से बचाकर चेतना के स्तर पर कृष्ण से जोड़ा है, कृष्णधर्मा बनाया है।

—प्रभा खेतान

○

मेज़ पर पड़ती
रोशनी के घेरे में खिलता है
एक कमल...वह तुम होते हो
और कुछ नहीं होता
मेरे कमरे में एक सन्नाटा उदासी के सिवा
चारों ओर तूफ़ान, चट्टानों की टूटन
रेत का बिखराव
उदास चेहरे
फीके मुखौटे
इन सभी से अलग
पता नहीं
कौन तुम
मेरे सपनों को तितलियों का रंगीन पंख देते हुए?
काल के इन्द्रधनुषी रंग बुनते हुए?
पहाड़ और जंगल
बहती हुई नदी...ये सब होते हैं
कमरे से बाहर

फिर भी पता नहीं
कौन तुम जादुई करिश्मों से
मेरे भीतर धड़कते हुए?
जीवन की यान्त्रिकता को संगीत में बदलते हुए
स्मृतियों को हवा में उछालते हुए
पिरोते हुए भूत, भविष्य और वर्तमान
सँभालते हुए आख़िरी दम तक मुझको
मेरी कविता में
कौन सा नाम दूँ तुमको
ओ अनाम?

पेड़ की जड़ों के
अतल अँधेरे में
जहाँ पहुँच नहीं पातीं
सूर्य की किरणें
जानते हो वहाँ क्या है?
जानते हो कौन है वह?
जिसकी आँखों में
जागकर उठ बैठता
सोया हुआ भगवान
जब
कानों में
बजने लगतीं
मन्दिर की घण्टियाँ।

चेतना की तहों में
मील के पत्थरों में
टकराते हुए इतिहास में
उलझ जाती मैं

ठीक वैसे ही, जैसे
माटी के रंगों में, रेखाओं और आकृतियों में
उलझती यह पृथ्वी

मैं चल पड़ी हूँ एक बार फिर
पानी की खोज में
दूर-दूर तक
समुद्र को क़ैद करने शरीर की सीमा में
पहाड़ों के कगारों पर
क़दम रखती हुई वह पथिक हूँ मैं
जो हो जाना चाहता
ख़ुद अपना रास्ता

मेरी आँखों के सम्मुख
आन्दोलनों की जय पताकाओं के समानान्तर
उड़ान पर निकली चिड़िया
पहुँचना चाहती
बादलों के पार

मुझे याद आ रही
एक छोटी लड़की
मुझे बहुत याद आ रही है इस समय
एक छोटी लड़की
जो मेरी उँगलियों को पकड़े
भय से ठिठक गयी थी पहली ही सीढ़ी पर
देखने लगी थी मेरी ओर असहाय
भर आया था
मेरा हृदय...मैंने समझाया था उसे
इन्द्रधनुषी रंगों का महत्त्व

बताया था उड़ने का सुख
और तब
सीढ़ियाँ चढ़ने लगी थी वह मेरे साथ
चढ़ती चली गयी और आज
इन्द्रधनुषी देहरी पर ठिठकी
कभी देख रही मेरी ओर
कभी नाप रही आकाश

पता नहीं क्यों मेरी बाँहों का घेरा
बनाना चाहता
उसे
फिर वही छोटी लड़की
मगर
एक नयी उछाल लेने लगती हैं
मेरी इच्छाएँ

मैं कुछ और ही होना चाहती हूँ
एक जंगल, एक घास का मैदान
एक गली—उस गली का आख़िरी मकान,
या फिर गली के अन्त में
चौड़ी सड़क पर
बिछा हुआ बाज़ार
या फिर
शहर की तेज़ रफ़्तार में
दौड़ने वाली मिनी बस
इस कोने से उस कोने तक
जाती हुई
परिचितों-अपरिचितों से बातें करती हुई
हो जाना चाहती हूँ मैं
चमकती हुई धूप, उजली हँसी

पता नहीं फिर क्यों
लौट लौट आता
इसी-इसी घर में
और सिमट आता
ख़ालीपन के साथ
मेरा आकाश
दम तोड़ देती बाहर की फैली दुनिया
हर जीवित अनुभव
गहरा कर जाता मेरा अकेलापन
कहाँ होती हूँ उस समय?

नींद में चौंकती हुई
करवट बदलती हुई
पता नहीं
भटकती होती हूँ किन-किन वनों में
किस सागर के तट पर?

मन में
उभरती है
एक माया कथा
टटोलती हूँ
भटकावों के पथ पर
नारायण की नरता का रहस्य

सोचती हूँ
कहाँ से कहाँ तक के लिए
नियोजित तुम
किन नये सिलसिलों से
भरना चाहते रहे

धरती से ऊपर
आदमी का देवत्व!

जानती हूँ
अकेले तुम कहीं नहीं पहुँचोगे
कृष्ण!
लेते रहो
युगों-युगों तक अवतार
अकेले तुम बना नहीं सकते
आदमी को देवता
बार-बार बनकर
एक अदना आदमी
तुम्हें ही भोगना पड़ता
आदमी होने का दर्द

स्वीकारती हूँ
आज अपने होने का सच
अँधेरे जगत में जैसी भी हूँ
धूप की चाह के साथ हूँ, प्रभु!
निरावरण है यह अस्तित्व
मुखौटों के व्यामोह से मुक्त
निरन्तर घेरता हुआ एक चक्रव्यूह
मेरे जीवन का सच

लगातार छटपटाती रही
अभिमन्यु की तरह
बिंधती हुई
ईर्ष्या-द्वेष के बाणों से
हत्या व्यवसायी शत्रुओं के घातों-प्रतिघातों से
मारी जाती रही युद्धरत।।

○

देव!
हार-जीत से परे भी बची रह जाती
चेतना की एक लचीली राह

विसर्जित होते ही अहं
मालूम पड़ा
मैं भी हूँ किसी कृष्ण का अंश
जान पायी मैं
जीवन के महाभारत का सच होता है
एक युद्धरत अभिमन्यु!

देव!
बार-बार पहुँची मैं
तुम्हारे पास पूजा, अर्घ्य समर्पण के साथ
लौटती रही
असमर्पिता
बार-बार पाती रही
अपनी ही तरह एक नश्वर आदमी को अपने पास

मर चुके
सारे भाव
बासी पड़ चुकीं सारी आसक्तियाँ
ताज़ी है
पहले से आख़िरी शब्द तक
एक लम्बी उदासी से भरी मेरी कविता

तमाम चीज़ों की भीड़ के अँधेरे को
चीरती चेतना की आँखों में
धीरे-धीरे केन्द्रित होती है रोशनी
देवता से हटकर
मूर्त देहधारी आदमी के ऊपर
नारायण ने
बार-बार पहचानी अपनी भूमिका
नर के माध्यम से
लगातार संघर्षरत इतिहास के भीतर

तुम जानते हो कृष्ण
न कभी रुका है
इतिहास का संघर्ष
न ख़त्म हुई कभी
नारायण की भूमिका

जब जारी था भयंकर युद्ध
तुम भी काँप गये, देव
दानवों के आतंक से
कौन था
एक अदना आदमी के सिवा
तुम्हें समर्पित करने के लिए

बचा पाने को अमृत-कलश?
कौन था
एक अदना आदमी के सिवा
जो झेल सकता मन्थन का दाह?

प्रभु!
इतिहास को
नित्य नया अर्थ देतीं हमारी ही क्रियायें

सोचती हूँ मैं
कितने मोहक होते कालिक-अनुभव
जिनके स्वाद के लिए
मूर्त होती रही आदमी के शरीर में
बार-बार तुम्हारी सत्ता?
कितनी आकर्षक होती हैं
दुनिया के भोग की चाहें

काश!
कभी तुम स्वयं बता सकते
ओ निरन्तर भोक्ता!
सृजन के नित्य-नये स्वादों का अर्थ

○

देव !
सच है
तुम कभी बहे नहीं मेरी तरह
अपनी ही प्रकृति की गतिमयता के प्रवाह में
काल की अटूट श्रृंखला का नियमन करते रहे तुम

ओ नारायण!
सचमुच अनुमत्ता हो तुम।
सब कुछ के भोक्ता हो तुम
मेरे शरीर में हर पल रूपायित होते रहते
ओ महेश्वर!
क्या करूँ अपने इस अहंकार का?
क्या करूँ अपनी इस आत्मनिष्ठा का?
कहाँ विसर्जित कर दूँ
तुम्हारी रची इस व्यवस्था में
बार-बार सिर उठाते
पहचान बताने के लिए
आकुल अहं को?

बार-बार अकुलाता रहा बताने को मुझमें बसा आदमी
कि
कृष्ण की एक झलक देखी है मैंने भी
उसके होने का स्वाद चखा है मैंने भी अपने अस्तित्व में

कालिक विकास के दौरान
तुम्हारी ही गरिमा से मण्डित
एक देह थी मैं तब भी

आत्म हूँ मैं अब भी
अरे ओ परमात्मन्
भोगती रही हूँ मैं
सोते-जागते
हँसते-रोते
अस्तित्व के हर क्षण को

भोगती रहूँगी
आख़िरी साँस तक
तुम्हारी बनायी प्रकृति को अनुक्षण

मत कहो
मुझे सिर्फ़ माया
ओ नियन्ता!
मत कहो
मैं केवल छाया हूँ
किसी भी क्षण मिट जाने को विवश
यह मेरा आत्म है
एकल आत्म
खोजता-गढ़ता हुआ

इतिहास की घटनाओं में
अपनी पहचान
मैं स्वयं हूँ
अपना आन्तर
अपने एकल को पहचानती हूँ मैं
चीरती हुई विशिष्टताओं का घटाटोप
दिक्काल के अनन्त फैलाव में
पाती हूँ आदमी की संज्ञा
दूसरे एकलों से जुड़ कर

अरे कृष्ण!
परम पुरुष!
महेश्वर!
तुम ही तो रूपायित इस शरीर में
पर क्या करूँ मैं अपने इस अहंकार का?
अपनी इस आत्मनिष्ठा का
जो अहंस्रोत है
मेरे आन्तर में क्रियाओं प्रक्रियाओं को?

चारों ओर फैला
बाहुल्य का अम्बार
राज्य
नीति
समाज
व्यवस्था
भाषा में निहित अर्थ
व्याकरण का तर्क
सब कुछ सम्बोधित
मेरे एकल को

हाँ
स्वेच्छा से ओढ़ी है
मैंने
आदमी होने की सर्वोच्च भूमिका

रात-रात भर जागकर
खोजती रही हूँ मैं
आकाश में उगे
तारों को

करती रही हूँ विश्लेषण
उनके अस्तित्व का
और पहचाना है
किसी मीठी सुबह
अपनी शान्त समाधि में
उनके होने का अर्थ

महसूसा है कि
मेरा रोम-रोम
तारों की चमकती आँख है
मैंने उन तारों की टिमटिमाहट को
अपने हृदय की धड़कनों में महसूसा है

अकाट्य
अखण्ड
अविभाज्य
अनुभवों से मैंने जाना है
इनकी गति में अपना अस्तित्व
भोगा है
अपने किये का फल जीवन में।।

○

कृष्ण!
तुमसे अलग
अपने समूचे अलगाव में
उठ खड़ी होती हुई मैं
करती हूँ नियन्त्रण अणुओं की गति का
तथ्यों पर आधारित
पूर्ण रूप से सम्भावित
पर कौन हूँ मैं?

क्या केवल स्मृति-पुंज?
अनुभवों का संकलन?
या एक ख़ाली फ़लक
जिस पर
तूलियाँ फिराया करता
महाकाल?
गहरे
और गहरे
उतरती हुई मैं

अरे यह तलछट?
यह आधार?
डूबते-डूबते पैरों से टकराती
यह कौन-सी ज़मीन?
क्या यह तुम्हारी सरहद नहीं
मेरे कृष्ण?

नहीं
नया नहीं मेरा यह अनुभव
एकल नहीं यह

सदियाँ बीत गयीं
तरंगित होती रही ध्वनि
अहं ब्रह्मास्मि
रूपायित होती रही
मेरी शिराओं में

काँप जाता मेरा मन
ठहर जाती जीवन-गति साँसों की ऊष्मा
जब
अचानक निगलने लगता
जबड़े फैलाये महाकाल
मेरा व्यक्तित्व
मेरी स्वतन्त्रता

देव!
यह कैसा पराकाष्ठावाद
तुम्हारा?
यह कैसी

परम होने की वासना
मुझे निगल जाना चाहती हुई?
बना देना चाहती मुझे सिर्फ़ एक छाया?
घोषित कर देना चाहती
मेरे समूचे इतिहास को केवल एक भ्रम
और
मेरे हर साहस को देती एक ऐसी दिशा
जहाँ निर्मित होता जाये लगातार
भ्रमों के ऊपर भ्रमों का ढूह
कैसे मान लूँ मैं
सिर्फ़ इतना ही प्रयोजन
अपने छोटे से जीवन का?

क्या सचमुच कुछ और नहीं?

कैसे झुठला पाऊँ मैं
बार-बार कचोटते स्मृति-सन्दर्भों को
जिनसे मिलती रही
तमाम प्रतिकूलताओं से जूझ पाने की शक्ति
खुलती रही जिनसे
विरक्तियों के जंगल से गुज़र कर
सृजनधर्मी आसक्तियों की राह

कौंधती है
स्मृति-पट पर देव!
बेजुबाँ
उलटी हुई कंचुकी
कहती अपनी यन्त्रणा
सूखे सरकण्डों-सी

भक्ति
लटक रही
बूढ़े बरगद से
सो गयी हैं
गोपियाँ

घिसे हुए
फीके
बेरंग
मुखौटे ओढ़
उलझे धागों को हाथों में लिये

चकित देखता मायावी ईश्वर

अरे यह क्या?
यह तो लीला नहीं
मौत से भी अधिक सुरक्षित
एक खण्डित मिथक?

कृष्ण!
तुम देख रहे अपलक
अपने शिशु-हाथों को
सोचते
कैसे लूँ बाँसुरी?

हवा में
कैसा होगा
"सम्भवामि गान"
अगली शताब्दी का
प्रथम शंखनाद?

भीतर तक हिल जाती हूँ मैं
जब याद आता है
एक बिसरा एहसास
कभी मीठा
कभी कसैला
सोचती हूँ उतरती हुई
स्मृति-गर्भ में
खोजती हूँ
अपने अस्तित्व को

टूट गया कुँआरापन
वर्षों पहले शादी की पहली रात
पर आज भी कुँआरी है आत्मा
प्रतीक्षारत
हर नये अनुभव के लिए

परखती रही हर अनुभव
चुकाती रही
क़ीमत
और होकर रह गयी वस्तु

पाने के बाद
आकर्षण समाप्त
एक ही शरीर
कभी रुक्मिणी
कभी राधा

पता नहीं
कितनी बढ़ेगी भीड़

कितने रूप धरेगा कृष्ण
सिरजे जायेंगे और कितने ब्रह्माण्ड?

बहुत ऊँचे उठाकर
तट पर पटक देता
भावनाओं का ज्वार
कितनी आकांक्षाओं से तुष्ट हुआ था
तुम्हारे पौरुष का दर्प?

सोचती हूँ आज
शायद तुमने भी तो यही सोचा था, कृष्ण
भरकर स्वर में द्रौपदी की आर्त्तता
मैं भी पुकारूँगी तुम्हें
शर्म से छिपा लूँगी मुँह
पौरुषहीन आततायियों के सामने

नहीं किया मैंने ऐसा कुछ भी
झेलती रही क्रमशः निरावरण होने की यातना
चबाती रही दुःख और अपमान का दर्द
बनती रही वासनाओं के ख़ूनी स्वाद की ख़ुराक

नहीं अनुभव कर सकी, कृष्ण!
यातनाओं के क्रूर सिलसिले के ख़िलाफ़ कहीं भी
न करती हुई तुम्हारे नाम का उपयोग
जीवित हूँ मैं
अपने आँसुओं के साथ

नग्नताओं के बीच

जी रही हूँ मैं—एक नया क्रम

कुछ करती हूँ
कुछ नहीं करती
सुबह उठकर ऑफ़िस
शाम
थकी हुई चादर
रात
एक अकेली नींद
जब तक
फिर सुबह न हो

धूप और बारिश
राह चलते लोग
मौन सड़क
एक नियमित प्रक्रिया बन गयी है
पूरी ज़िन्दगी

उभरती
एक समानान्तर आवाज़
मुमकिन है
गूँज हो बाहर की

मुमकिन है
आह्वान हो भीतर का
शून्य से अनन्त तक जीवित मैं
एक ही क्षण में
पूर्ण से निकल कर
पूर्ण होकर

मेरा अपना है
इतिहास का यह क्षण
मेरा अपना है
अपनी पूरी संरचना में
विश्लेषण से परे तक जटिल
कृष्णों के सन्दर्भों से अलग
कृष्ण भक्तों की परम्परा से मुक्त
अपनी पहुँच पर बैठकर
गिनेगा सन्त
आँकेगा फ़ासले की दूरी
सोचेगा
कृष्ण होने तक के सारे सन्दर्भों पर
और समझेगा तब
जब तक थे फ़ासले
तभी तक था वह आदमी।।

○

खोये हुए संगीत की खोज में
नहीं भटकता है सिर्फ़ पाखी

खोजता है मेरा भी आत्म अपना संगीत

संघात-दर-संघात
फैलता जाता
मेरे सोच का परिदृश्य

आँखों से ओझल होने के बावजूद
टूटन की चुनौतियों के बीच
नहीं ख़त्म हो गया
किसी सृजन सम्भावना का आधार

जानती हूँ कृष्ण!
बहुत कुछ पीछे छोड़कर पहुँची हूँ यहाँ
कहती रही जिसे अपना घर
आज वह भी नहीं है मेरे पास

मेरी हथेलियों पर आकर
अभी-अभी बैठी है तितली
भिन गयी है उसके पंखों में पुष्प-गन्ध

टूट जाने के ख़िलाफ़
जाग्रत होता है आत्म
पूछती है चेतना
जीवन की सम्मोहक स्फूर्ति को
सम्बोधित करती हुई
भीतर के आदमी को

पिघल रही है सफ़ेद धुन्ध
मेरे आस-पास
रोशनी की गर्माहट से
जारी है
महाकाल की परिक्रमा
घातों-प्रतिघातों के बीच
गोया
बढ़ रहा है
मेरे वक़्त का आदमी
तोड़ता हुआ बासी सपनों का मकड़जाल

चाहे सिसकूँ
चाहे चिल्ला पड़ूँ...जानती हूँ
नहीं सुनेगा कोई
रुककर पल-दो पल
मेरे आत्म का आह्वान
मेरे मन की पर्तों के भीतर

सुन रहे हो कृष्ण
अपनी घोषणा का अर्थ?

और चाहे कुछ होऊँ न होऊँ मैं
अवश्य हूँ
इतिहास की सृजन-सम्भावना

यही हो कर तो
अवतरित होते रहे हो तुम भी
बार-बार
एक नये शरीर में
जारी रही है तुमसे इतिहास की प्रक्रिया

झेलते हुए हर बार
एक नयी अपूर्णता की चुनौती
खोजते रहे हो तुम नयी पूर्णता।।

○

इतिहास तो हमारे साझे का जगत है कृष्ण
मैं तुमसे अलग कहाँ?
जब भी खोजती हूँ
अपने होने का अर्थ
बार-बार उमड़ता है
तुम्हारे प्रति पूजा का भाव

जितना ही चखती रही
तुम्हारी सृष्टि का स्वाद
बढ़ती रही अतृप्ति
शायद समझ नहीं पाऊँगी
किसी भी सिलसिले के अन्त में
तुम्हारी अनन्तता का खेल

एक शाश्वत मोहपाश में जकड़ी
चलती चली गयी मैं
नदी के संग
समुद्र के मुहाने तक

खेल-खेल में
हो जाता रहा क़ैद
समुद्र का नमक मेरे शरीर में

दौड़ता रहा है
मेरी शिराओं में कभी आदिम जंगल का एहसास
कभी कदम्ब-कुंज का मादक-स्पर्श

रमती हुई तुम्हारे संग
कृष्ण-वर्णा हो गयी यमुना
उसी धूप, हवा और पानी से तो निर्मित मैं भी

किसकी अस्मिता है देव
सँजोती हुई घास का भीगापन
समाती हुई मेरी देह में?

दूर आकाश में
मेरे लिए भी तो टूटा था एक तारा
अब भी तो वह नहीं पहुँचा पृथ्वी पर?

कैसे अनदेखा कर सके तुम
इतना बड़ा हादसा?
तुम्हारी स्मृतियों के रस में
होती हुई सरोबार चाहती हूँ उड़ना
फागुनी रंग के साथ तमाम दिशाओं में

शामिल होने दो देव?
मेरी दृष्टि को
सूने आकाश में

हंसों की क़तार के साथ उड़ने दो
मेरे होठों के वृत्त में
हल्का करना चाहती हूँ
अपने शरीर को
बादलों की तरह उड़ने के लिए
तैरना चाहती हूँ
छूटकर तुम्हारी उँगलियों की मायावी पकड़ से

अथाह नीलिमा में

दृश्यों के क्रम में
एक नया दृश्य उभरता है
अमलतास के पत्तों में
सूर्य एक नया रंग भरता है

कदम्ब-कुंज की छाया में
सहला रहीं मुझको
हरित-श्यामवर्णी हवाएँ
महसूसती हुई तुम्हारी हथेलियों की आदिम छुअन
मोर-पंखी हो जाना चाहती हूँ मैं

महसूस करती हूँ
सीपी के भीतर समाया अँधेरा जगत
जानती हूँ
मेरे क़दमों को वहन करना है
तीन पगों से संसार को नाप लेने का दायित्व

लाँघती हुई जब बढ़ती हूँ मैं
मृतकों की छाया ढोती दीवारें

देखती हूँ अचानक
इतिहास के पन्नों पर उग आया कल्पवृक्ष
गिरते जा रहे हैं
टपाटप
सोने के फल
चाँदी के पत्ते
कौस्तुभमणि के बीज
सृष्टि-शृंखला के महानतम ऐन्द्रजालिक रहे हो तुम
ओ कृष्ण!
तुम्हारे कौतुक ने डाल दिया है
मुझे एक अकेले पथ पर
अकेला चलने के लिए

ज़रूर चल सकूँगी मैं
हाँ
मैं ही चल सकूँगी
अपने पैरों को प्यार के रंगों पर छपछपाती
भीगती कटिपर्यन्त
कामनाओं के आकाश से सँजोती
तमाम इन्द्रधनुषी रंग
केवल मैं चल सकूँगी प्रभु!

स्वीकार करो
मेरे प्राणों का आवेदन
कम-से-कम आज तो छोड़ दो
गेरूआ संन्यास की चर्चा
क्या है उसके पास
अतीत की निर्मम यादों के सिवा?

कहाँ पहुँचाएँगी हमें
अपूरित सपनों की कुण्ठाएँ?

स्वीकार करने दो लीलामय!
मुझे अपनी नियति का सत्य
न हो सकी मैं तुममय
न बढ़ा सकी गोपिकाओं की भीड़
रह गयी मैं
एक आम आदमी
अधर में लटकी हुई
बिंधी हुई सूई की नोक से
चाटती हुई अपना ही ख़ून

सोचती हूँ
कैसे समझा पाऊँ तुम्हें
अपने जीने की त्रासदी
काश!
कभी तोड़ पाते तुम भी ओ योगेश्वर!
अपनी स्थितिप्रज्ञता का दर्प?

इतिहास हमारे साझे का क्षेत्र है कृष्ण!

तुम्हारे प्रेम में हार जाना
मेरी अयोग्यता तो नहीं ओ राधावल्लभ!
जीवन की प्रस्तुति, युद्धरत रहने की आकांक्षा
व्यर्थ तो नहीं
जानती हूँ
मुझे बहुत दूर जाना होगा

ओ कृष्ण! मुझे राह दिखाओ
उस दिन सान्ध्य वेला में
यमुना किनारे
अधलेटे...तुम्हारी निरासक्त तर्जनी ने
जो राह मुझे दिखलाई
वह सारी पृथ्वी थी
ख़ून से नहा रही थी पृथ्वी
ना कृष्ण! मुझे

नहीं बाँधनी अपनी वेणी
आदमी के ख़ून से

जानती हूँ कृष्ण
कभी ख़त्म नहीं होगा महाभारत
नहीं होगी
युद्ध में अन्तिम विजय किसी की

नहीं जीते पाण्डव
गोल घूमती पृथ्वी पर
बने रहे अपना ही प्रस्थान-बिन्दु!

नहीं जानते हो लीलाधर?
कैसी सारी सृष्टि की परिक्रमा करके
खड़ी हुई हूँ मैं
तुम्हारी अनन्त सूर्य रश्मियों के सामने
अनन्तधर्मा होने के लिये

बहुत दिन बीते। युग बीते
मेरी कविता आज भी रुकी है वहीं
आज भी है वही एकल स्थिति

नियति ने उछाल दिया
एक नया प्रश्न
मेरी स्वायत्तता के सामने
कृष्ण! क्या सचमुच
तुम्हारी छाया ही बनी रहूँ मैं
कैसे यह सम्भव

कि अलगाव भी हो
और साझा भी निभे?

तुम्हीं बोलो मेरे सम्प्रभु!
कैसी सहभागिता होगी यह
यदि नहीं छोड़ोगे तुम
धागों का उलझाव
नहीं सँजोने दोगे

मेरे पाँवों को अपना विश्वास
क्या होगा मेरी अस्मिता का?
कैसा होगा आत्म-बोध
जिसका
करते रहे तुम सदा सम्मान?

स्वतन्त्र हूँ मैं प्रेम के चरण क्षणों में
नकार देने के लिए तुम्हें भी
विसंगतियों का संसार
मेरा यह निरन्तर भटकाव
त्रासदी भी एक सुख है, कृष्ण
नहीं झुठला सकते हम
सृष्टि का इतना बड़ा सच

आकाश में चमकते अग्निपुंज को
नोचकर फेंक देने का
दम्भ नहीं पालती मैं

नहीं बुझा सकती
नक्षत्रों के दीप

अपने बाहुबल से
नहीं रोक सकती
किसी एक बिन्दु पर
घूमती पृथ्वी को
तार-तार टूटता है
मेरा अभिमान
फिर भी नहीं झुकता
मेरे आत्म का गर्वोन्नत माथ
आज भी पढ़ सकती हूँ मैं

ओ गीताकार! तुम्हारी आँखों में
उभरती चुनौती की भाषा
सनातन संघर्षों की लपटों से
कुन्दन बन दमकने की आशा।।

○

जागता है
यन्त्रणाओं का एक पूरा नर्क
कहीं दुःशासन कहीं दुर्योधन
कहीं अन्धा धृतराष्ट्र
आदमियत के ख़िलाफ़ खड़े
हत्यारों की एक पूरी जमात

ठीक ही चौंके थे तुम
ठीक ही फूट पड़ा था तुम्हारा आक्रोश
कर्ण के इनकार से
भीष्म की प्रतिज्ञा से

तुम्हारे होठों पर थी
तब भी मोहिनी मुस्कान
वक़्त के सारे ज़हर को पीती हुई
स्थितियों के प्रत्येक तेवर को
झेलती हुई

आशाओं का ज्योतिपुंज बन
आदमी को भरोसा देती हुई

बताओगे, कृष्ण!
तुम्हारे अन्तस से फूटी
देववाणी
अकेली तुम्हारी थी
या
एक समवेत हुंकृति थी वह
यन्त्रणाओं से जूझते लोगों की?

घटने वाले महाभारत को
नहीं रोक पाये तुम भी
नहीं टूट पाया तर्कों के प्रहार से
भीष्म का मोह
खण्डित नहीं हो पायी
कर्ण की कुण्ठा

जानते हो प्रभु!
तुम भी तो लौट नहीं पाये थे
कालिन्दी के तट
केलि-कुंज की ओर
चला गया
तयशुदा दिशाओं में सम्भावनाओं का रथ
अलविदा का
कोई राग-रंजित हाथ

सम्बन्धों का एक अटूट क्रम
बाँध रखता है मुझमें मेरे मैं को

तुम्हारे साथ रचता है
गहरा सम्बन्ध
एक अलग स्थिति उत्स की
क्या उसे ही इतिहास कहें, कृष्ण?

एक निरन्तर सिलसिला
महाभारत का—आज भी
करना पड़ता
न्याय के पीड़ित पक्ष को
गाण्डीव का सन्धान
तमाम सम्मोहनों को जीतता हुआ
प्राकृतिक इतिहास के समानान्तर
एक मानवीय इतिहास का आरम्भ
भरोसा बढ़ता है
उभरता है दायित्व
एक नये अब तक के
अनुभवों से परे जगत के निर्माण का

माध्यम बनूँगी मैं
जैसे बने थे तुम
तुम्हारे धर्म से अलग
कहाँ है मेरा धर्म, देव?

श्रेयस हो तुम
सम्बद्ध हूँ मैं। पूर्ण हुए तुम
पूर्ण होंगे हम
चलते हुए उस पथ पर
जिस पर
न वरण करूँगी दैन्य

न वरण करूँगी पलायन
पहुँचना है मुझे भी
तुम्हारी ऊँचाइयों तक
चूमना है मुझे भी
तुम्हारे धर्म का शिखर

न मैं तुम
न मैं तत्त्वमसि
न मैं इतनी नगण्य
कि रोक दूँ
तुम्हारी ऊँचाइयों की ओर
अपनी यात्रा

समझती हुई इतिहास का क्रम
पहुँचती हूँ हिरण्यगर्भ की
रहस्यमयता के द्वार तक

साझे की क्रीड़ाभूमि में
खेलने के लिए
हमको ललकारता है इतिहास
तुष्ट होंगे हम एक साथ।।

○

जानते हो लीलामय?
तारों के प्रभा-मण्डल से अलग
अपनी पीड़ा में
निरन्तर तलाशती रही हूँ मैं
तुम्हारी छवि
पाती रही हूँ
अपने भीतर तुमको
तुम्हीं से मिली है
मुझको अपनी व्याप्ति
तुम्हीं से निर्मित होती रही हूँ मैं
अपनी साधारणता में तुष्ट
एक नारी हूँ मैं

तुमने समझना चाहा
प्रकृति के रहस्यों का निदान
नहीं समझ पायी मैं अब तक
अपनी अतृप्ति का रहस्य

नहीं समझ पाती
क्यों
भटकाती है मुझे
अब तक यह प्यास?

आख़िर क्या प्रयोजन है
जीवन की इस त्रासदी का?

वेदना की कड़ी धूप में
खड़ी हो जाती हूँ क्यों
बार-बार?
प्यार का सावन लहलहा जाता है मुझे
किसने सिखाया मुझे यह खेल
जलो, जलते रहो
लेकिन प्रेम करो और जीवित रहो

आओ कृष्ण! मेरे पास आओ!
जीवन की इस सन्धिवेला में
चाहती हूँ तुम्हारा सान्निध्य
चाहती हूँ तुम्हारा साथ

काश!
अब भी बता देते तुम
कब शेष होगी
मेरे जीवन की परिक्रमा?

क्या मुझे मुक्ति नहीं दोगे, देव!
इस पारिव्राजक-वृत्ति से?
जीवन के घात-प्रतिघात में

छिन्न हो गयी युद्ध-विजय की पुरानी पद्धति
सुनती हूँ
आघातों के संघातों की ध्वनि
प्राणों में एक नया आह्वान भरता है
तुम्हारा व्याकुल वंशी वादन

देखते हो कृष्ण!
एक बार फिर कैस लाल हो रहा
समूचा कुरुक्षेत्र?
कैसे समा लेना चाहती है
विशाल पृथ्वी
अपने गर्भ में
झरते नक्षत्रों को
समूचे आकाश में दिग-दिगन्त में
गूँज रहा है शंखनाद

तृप्त होती हूँ मैं
तृप्त होती है वेदना
आज फिर
आदमी का पुनर्जन्म होता है
इतिहास में।।

❑❑